Mehr wissen

DAS GROSSE ZEIT ONLINE QUIZ

Rowohlt Taschenbuch Verlag

Originalausgabe

Veröffentlicht im Rowohlt Taschenbuch Verlag,

Reinbek bei Hamburg, Juli 2011

Umschlaggestaltung ZERO Werbeagentur, München

Redaktion Bernd Gottwald

(Abbildung: FinePic, München)

Satz ITC Officina PostScript (InDesign) bei

Pinkuin Satz und Datentechnik, Berlin

Druck und Bindung CPI – Clausen & Bosse, Leck

Printed in Germany

ISBN 978 3 499 62787 3

Inhalt

Vorwort

Liebe Leserinnen und Leser,

wissen Sie, wohin Sie reisen müssen, um für das falsche Singen der Nationalhymne zwei Jahre Gefängnis zu bekommen? Oder welcher Fußballverein der Rekord-Auf-und-Absteiger der Bundesliga ist? Und was rund 200 Menschen im Jahr 2008 im New Yorker Bahnhof bei einem Flashmob anstellten, dessen Filmaufnahme über 20 Millionen Mal bei YouTube aufgerufen wurde?
Das Beantworten von Quizfragen erfreut sich großer Beliebtheit. Tausende von Lesern stellen sich täglich den Quizfragen auf ZEIT ONLINE und testen ihr Wissen in Haupt- und Nebenthemen, auch oder gerade weil die Fragen durchaus auch anspruchsvoll sind. Der Titel «Mehr Zeit Online wissen» ist daher kein Zufall, sorgt das Buch doch ganz nebenbei dafür, Ihre Allgemeinbildung zu verbessern. Bei den meisten Aufgaben haben auch die falschen Antworten indirekt mit der Frage oder der richtigen Antwort zu tun. Wenn danach gefragt wird, in welchem Bundesland das Landesparlament für vier und nicht für fünf Jahre gewählt wird, was ein F-Schlüssel ist, oder welcher Krawattenknoten wie ein Bananensorte heißt, dann kann man auch manch Neues lernen, wenn man die falsche Antwort wählt.
Und damit auch wirklich niemand zu kurz kommt, können Sie sich mit Fragen aus den zehn verschiedenen Wissensgebieten Politik, Wirtschaft, Kultur, Wissen, Digital, Studium, Karriere, Lebensart, Reisen und Sport auseinandersetzen. Das entspricht weitgehend den Ressorts, in denen ZEIT ONLINE minutenaktuelle Berichterstattung für eine stetig anwachsende Zahl von

Lesern anbietet. Die Fragen dieses Buches sind eine kleine Auswahl aus dem Quiz-Fundus der letzten Jahre. Falls Sie Lust auf mehr verspüren, finden Sie unter www.zeit.de jeden Tag frische Fragen, die Ihren Wissensdurst stillen helfen. Wir freuen uns auf Sie und wünschen herausfordernde Unterhaltung!

1. Welche Partei hatte im Bundestagswahljahr 2009 die Mitglieder mit dem höchsten Durchschnittsalter (62 Jahre)?

- ☐ DIE LINKE
- ☐ CDU
- ☐ SPD

2. Der «Club of Rome» hatte seinen Sitz lange in Hamburg. Wohin verlegte er diesen im Jahr 2008?

- ☐ Paris
- ☐ Rom
- ☐ Winterthur

3. Welcher dieser Politiker von Bündnis 90 plädierte 1993 gegen die Fusion mit den Grünen und verließ die Partei?

- ☐ Vera Lengsfeld
- ☐ Gerd Poppe
- ☐ Matthias Platzeck

4. Wo wurde die Sicherheitskonferenz KSZE im Jahr 1973 eröffnet?

- ☐ USA
- ☐ Kanada
- ☐ Finnland

5. Welche Wahl zum Deutschen Bundestag hatte eine Wahlbeteiligung von über 91 Prozent?

- ☐ Die Bundestagswahl 1972
- ☐ Die Bundestagswahl 1976
- ☐ Die Bundestagswahl 1983

1.

DIE LINKE

2.

Winterthur

3.

Matthias Platzeck

4.

Finnland

5.

Die Bundestagswahl 1976

6. Welche dieser Personengruppen hat in der Türkei kein aktives Wahlrecht?

☐ Frauen
☐ Staatsbeamte
☐ Soldaten

7. Welches Ministerium hat seinen Sitz nicht in Berlin, sondern in Bonn?

☐ Das Verteidigungsministerium
☐ Das Auswärtige Amt
☐ Das Familienministerium

8. Wie hieß die Vorgängerinstitution des 1955 gegründeten Bundesverteidigungsministeriums?

☐ Dienststelle Blank
☐ Bundesministerium für Landesverteidigung und Sport
☐ Ministerium für Nationale Verteidigung

9. Von 2001 bis 2003 gab es die erste schwarz-grüne Regierung in einer Landeshauptstadt. Wo war das?

☐ In Wiesbaden
☐ In Saarbrücken
☐ In Mainz

10. Wer besuchte als erster deutscher Bundeskanzler den Staat Israel?

☐ Konrad Adenauer
☐ Willy Brandt
☐ Helmut Kohl

6.

Soldaten

7.

Das Verteidigungsministerium

8.

Dienststelle Blank

9.

In Saarbrücken

10.

Willy Brandt

11. Wie hieß die Hauptstadt des 1946 gebildeten Bundeslandes Rheinland-Pfalz bis 1950?

☐ Koblenz

☐ Trier

☐ Mainz

12. Wo hat die Arabische Liga ihren Sitz?

☐ Jordanien

☐ Ägypten

☐ Saudi-Arabien

13. Wann wurde die UdSSR gegründet?

☐ 1922

☐ 1924

☐ 1953

14. Seit wann gibt es in der SPD das Amt des Generalsekretärs?

☐ 1959

☐ 1989

☐ 1999

15. Welche dieser Oppositionsbewegungen der ehemaligen DDR existiert auch 20 Jahre nach der Wiedervereinigung noch als Kleinpartei unter dem alten Namen?

☐ Neues Forum

☐ Demokratie Jetzt

☐ Demokratischer Aufbruch

11.

Koblenz

12.

Ägypten

13.

1922

14.

1999

15.

Neues Forum

16. Wer gab im Jahr 1999 Macao nach 442-jähriger Kolonialherrschaft an China zurück?

☐ Portugal

☐ Niederlande

☐ Japan

17. Wobei handelt es sich um das einzige souveräne Großherzogtum?

☐ Liechtenstein

☐ Luxemburg

☐ Monaco

18. Welchen Geburtsnamen hatte Stalin?

☐ Koba

☐ Uljanow

☐ Dschugaschwili

19. 689 Bürgermeister regierten 2010 in Thüringen. Welcher Partei gehörten 520 von ihnen an?

☐ Der CDU

☐ Der SPD

☐ Keiner Partei

20. Was bedeutet Glasnost?

☐ Offenheit

☐ Umbau

☐ Frieden

16.

Portugal

17.

Luxemburg

18.

Dschugaschwili

19.

Keiner Partei

20.

Offenheit

21. In welchem dieser Bundesländer wird das Landesparlament für vier und nicht für fünf Jahre gewählt?

☐ In Sachsen

☐ In Bremen

☐ In Bayern

22. Von wem stammt der Satz «Freiheit ist immer Freiheit der Andersdenkenden»?

☐ Karl Liebknecht

☐ Rosa Luxemburg

☐ Arnold Zweig

23. Wann haben sich 159 Vertragsstaaten erstmals völkerrechtlich verbindlich auf Maßnahmen zum Klimaschutz geeinigt?

☐ 1992 in Rio de Janeiro

☐ 1988 in Toronto

☐ 1997 in Kyoto

24. Wer war von 1972 bis 1981 UN-Generalsekretär?

☐ Sithu U Thant

☐ Boutros Boutros-Ghali

☐ Kurt Waldheim

25. Seit wann ist Schloss Bellevue der offiziell erste Amtssitz des Bundespräsidenten?

☐ 1950

☐ 1957

☐ 1994

21.

In Bremen

22.

Rosa Luxemburg

23.

1992 in Rio de Janeiro

24.

Kurt Waldheim

25.

1994

26. **Welches Land schaffte am 1. Juli 2010 die Wehrpflicht ab?**

☐ Portugal

☐ Finnland

☐ Schweden

27. **Welcher Israeli bekam den Friedensnobelpreis im Jahr 1978 verliehen?**

☐ Jitzchak Rabin

☐ Menachem Begin

☐ Schimon Peres

28. **Es war von 1925 bis 1959 als Grundsatzprogramm der SPD gültig und wurde erst durch das Godesberger Programm abgelöst. Wie hieß es?**

☐ Erfurter Programm

☐ Görlitzer Programm

☐ Heidelberger Programm

29. **Welcher Vertrag wurde im Jahr 2001 von 15 EU-Außenministern unterzeichnet?**

☐ Vertrag von Nizza

☐ Schengener Abkommen

☐ Maastrichter Vertrag

30. **Wer setzte sich in der Wahl zum Bundespräsidenten erst im dritten Wahlgang durch?**

☐ Roman Herzog

☐ Theodor Heuss

☐ Heinrich Lübke

26.

Schweden

27.

Menachem Begin

28.

Heidelberger Programm

29.

Vertrag von Nizza

30.

Roman Herzog

31. Welcher Deutsche wurde 1935 mit dem Friedensnobelpreis ausgezeichnet?

- ☐ Ludwig Quidde
- ☐ Carl von Ossietzky
- ☐ Gustav Stresemann

32. Wer gründete das Institut für Demoskopie Allensbach?

- ☐ Renate Köcher
- ☐ Heinz Maier-Leibnitz
- ☐ Elisabeth Noelle-Neumann

33. Welcher Organisation trat die DDR 1980 für zwei Jahre bei?

- ☐ Der Unesco
- ☐ Dem UN-Sicherheitsrat
- ☐ Den Vereinten Nationen

34. Er wurde 1978 in Ost-Berlin wegen seines Buches *Die Alternative* inhaftiert, 1979 amnestiert und in den Westen abgeschoben. Er war Bhagwan-Jünger und Mitbegründer der Grünen. Welchen Dissidenten suchen wir?

- ☐ Gerhard Zwerenz
- ☐ Klaus Schlesinger
- ☐ Rudolf Bahro

35. Welcher spätere Bundespräsident war nie Mitglied der Gesamtdeutschen Volkspartei (GVP)?

- ☐ Roman Herzog
- ☐ Gustav Heinemann
- ☐ Johannes Rau

31.

Carl von Ossietzky

32.

Elisabeth Noelle-Neumann

33.

Dem UN-Sicherheitsrat

34.

Rudolf Bahro

35.

Roman Herzog

36. Wann trat der Vertrag von Lissabon zwischen den 27 Mitgliedstaaten der Europäischen Union in Kraft?

☐ Im Juni 1998

☐ Im Dezember 2007

☐ Im Dezember 2009

37. Wann trat die Bundesrepublik Deutschland der Nato bei?

☐ 1949

☐ 1952

☐ 1955

38. Wer gehörte im Jahr 1990 nicht zur DDR-Oppositionsbewegung Demokratischer Aufbruch?

☐ Angela Merkel

☐ Ibrahim Böhme

☐ Rainer Eppelmann

39. Seit wann wählt die Bundesversammlung den Bundespräsidenten im Berliner Reichstagsgebäude?

☐ Seit 1994

☐ Seit 1999

☐ Seit 2004

40. Welcher Staat gehört nicht der Arabischen Maghreb-Union an?

☐ Marokko

☐ Ägypten

☐ Tunesien

36.

Im Dezember 2009

37.

1955

38.

Ibrahim Böhme

39.

Seit 1994

40.

Ägypten

Vorwort

Politik

Wirtschaft

Kultur

Wissen

Digital

Studium

Job und Karriere

Lebensart

Reisen

Sport

Allgemeinbildung

1. Welcher Teil des globalen Strombedarfs wurde im Jahr 2010 durch Kernkraft gedeckt?

☐ 23 Prozent

☐ 17 Prozent

☐ 6 Prozent

2. In welcher finnischen Stadt hat Nokia seinen Unternehmenssitz?

☐ Helsinki

☐ Espoo

☐ Tampere

3. Was bezeichnet die Lohnquote?

☐ Die Relation zwischen Bruttolöhnen und Reallöhnen

☐ Die Summe aller lohnbezogenen Ausgaben des Arbeitgebers

☐ Den Anteil der Arbeitnehmerentgelte am Volkseinkommen

4. Wo war der Unterschied in der Entlohnung von Frauen und Männern 2008 mit 4,9 Prozent in Europa am geringsten?

☐ In Italien

☐ Auf Malta

☐ In Belgien

5. Welcher dieser Staaten gehört – Stand 2010 – nicht zum Basler Ausschuss für Bankenaufsicht?

☐ Indonesien

☐ Norwegen

☐ Die Türkei

1.

17 Prozent

2.

Espoo

3.

Den Anteil der Arbeitnehmerentgelte am Volkseinkommen

4.

In Italien

5.

Norwegen

6. Welches Spekulationsobjekt löste 1637 einen Börsencrash aus?

- ☐ Immobilien
- ☐ Tulpenzwiebeln
- ☐ Eine schottische Kolonialisierung in Mittelamerika

7. Auf welchem dieser Kontinente befindet sich kein Kernkraftwerk?

- ☐ Afrika
- ☐ Australien
- ☐ Südamerika

8. Wann einigten sich in Bretton Woods 44 Staaten auf feste Wechselkurse und den Dollar als Leitwährung?

- ☐ 1944
- ☐ 1951
- ☐ 1971

9. In welcher Branche kamen Vollzeitbeschäftigte 2009 in Deutschland auf einen durchschnittlichen Bruttomonatsverdienst von 5506 Euro?

- ☐ Gewinnung von Öl und Erdgas
- ☐ Unternehmensführung und -beratung
- ☐ Kokerei und Mineralölverarbeitung

10. Welches Land machte die Partnerschaft G 6 im Jahr 1976 zur G 7?

- ☐ Japan
- ☐ Bundesrepublik Deutschland
- ☐ Kanada

6.

Tulpenzwiebeln

7.

Australien

8.

1944

9.

Gewinnung von Öl und Erdgas

10.

Kanada

11. Mit welchem Zinssatz können sich Banken durch Verpfändung von Wertpapieren bei der Zentralbank kurzfristig Liquidität verschaffen?

☐ Lombardsatz

☐ Diskontsatz

☐ Basiszinssatz

12. Welche Genossenschaftsbank ist die erste Bank in Deutschland, die nach ethisch-ökologischen Grundsätzen arbeitet?

☐ GLS Gemeinschaftsbank

☐ DZ Bank

☐ WGZ Bank

13. Er studierte Philosophie, war Präsident bei Ford und US-Außenpolitiker. Welchen ehemaligen Weltbankpräsidenten suchen wir?

☐ John J. McCloy

☐ Robert S. McNamara

☐ Paul Wolfowitz

14. Wo ist der Hauptsitz des Deutschen Patent- und Markenamts?

☐ Berlin

☐ Jena

☐ München

15. Im Jahr 2000 gegründet und 2007 erweitert, umfasst die Ostafrikanische Gemeinschaft (EAC) fünf Staaten. Welcher gehört dazu?

☐ Somalia

☐ Äthiopien

☐ Ruanda

11.

Lombardsatz

12.

GLS Gemeinschaftsbank

13.

Robert S. McNamara

14.

München

15.

Ruanda

16. Welcher Ökonom stellte mit dem Monetarismus die Geldpolitik ins Zentrum der Wirtschaftssteuerung?

- ☐ John Maynard Keynes
- ☐ Léon Walras
- ☐ Milton Friedman

17. Mit 1683 Euro führt Luxemburg 2010 im europäischen Vergleich der gesetzlichen Mindestlöhne. Welches Land kommt mit 1462 Euro auf den zweiten Platz?

- ☐ Irland
- ☐ Belgien
- ☐ Niederlande

18. Euromünzen mit dem Münzzeichen «D» – wo werden sie geprägt?

- ☐ In Karlsruhe
- ☐ In München
- ☐ In Berlin

19. Bei welchem Prozentsatz des mittleren Einkommens der Bevölkerung definiert das Deutsche Institut für Wirtschaftsforschung (DIW) das Niedrigeinkommen?

- ☐ Bei 70 Prozent des durchschnittlichen Einkommens
- ☐ Bei 60 Prozent des durchschnittlichen Einkommens
- ☐ Bei 50 Prozent des durchschnittlichen Einkommens

20. Mit 114 Tagen führte die IG Metall 1956/57 einen der längsten Streiks nach dem Zweiten Weltkrieg. Was war eine der zentralen Forderungen?

- ☐ Lohnfortzahlung im Krankheitsfall
- ☐ Die 40-Stunden-Woche
- ☐ Der arbeitsfreie Samstag

16.

Milton Friedman

17.

Irland

18.

In München

19.

Bei 70 Prozent des durchschnittlichen Einkommens

20.

Lohnfortzahlung im Krankheitsfall

21. Welche dieser regenerativen Energien hatte 2010 in Deutschland mit 6,2 Prozent den höchsten Anteil am Gesamtstrombedarf?

☐ Photovoltaik

☐ Windenergie

☐ Wasserkraft

22. Wo wurde 1960 die Organisation Erdöl exportierender Länder (OPEC) gegründet?

☐ In Bagdad

☐ In Genf

☐ In Wien

23. Welche Börse war nicht an der Fusion zur Euronext, der größten grenzüberschreitenden Börse Europas, im Jahr 2000 beteiligt?

☐ Die Börse Amsterdam

☐ Die Pariser Börse

☐ Die Börse Lissabon

24. Mit welcher Mehrheit müssen Entschlüsse des Internationalen Währungsfonds (IWF) getroffen werden?

☐ Mit 50 Prozent der Stimmen

☐ Mit 66,6 Prozent der Stimmen

☐ Mit 85 Prozent der Stimmen

25. Welcher dieser Posten nahm 2009 mit 3199 Millionen Euro den ersten Platz der deutschen Importe aus der Türkei ein?

☐ Nahrungsmittel

☐ Textilien und Bekleidung

☐ Maschinen

21.

Windenergie

22.

In Bagdad

23.

Die Börse Lissabon

24.

Mit 85 Prozent der Stimmen

25.

Textilien und Bekleidung

26. Welche dieser deutschen Städte hatte 2010 mit insgesamt 1,8 Milliarden Euro die höchste Pro-Kopf-Verschuldung?

☐ Berlin
☐ Duisburg
☐ Oberhausen

27. Was ist keine Währung in Liechtenstein?

☐ Kreuzer
☐ Schweizer Franken
☐ Rappen

28. Wer ist auf der US-amerikanischen 5-Dollar-Banknote abgebildet?

☐ Thomas Jefferson
☐ Abraham Lincoln
☐ George Washington

29. Wo wurde 1409 die erste Börse gegründet?

☐ In Antwerpen
☐ In Brügge
☐ In Genua

30. Mittelplate ist die einzige Ölbohrinsel in deutschen Gewässern. Wo liegt sie?

☐ Vor der Emsmündung bei Norden
☐ Vor der Elbmündung bei Cuxhaven
☐ Vor der Wesermündung bei Bremerhaven

26.

Oberhausen

27.

Kreuzer

28.

Abraham Lincoln

29.

In Brügge

30.

Vor der Elbmündung bei Cuxhaven

31. **McKinsey und der WWF sind sich einig: Der komplette Umstieg auf regenerative Energien ist möglich. Bis wann rechnen die beiden Organisationen mit dieser Option?**

☐ Bis 2030
☐ Bis 2040
☐ Bis 2050

32. **Wann wurde der Zwangsabschlag für die pharmazeutische Industrie von 16 auf 6 Prozent abgesenkt?**

☐ 2007
☐ 2005
☐ 2002

33. **Mit rund 80 Milliarden Euro verschuldet sich Deutschland im Jahr 2010 in Rekordhöhe. Wann lag die Neuverschuldung mit rund 40 Milliarden Euro auf dem letzten Höchststand?**

☐ 1991
☐ 1994
☐ 1996

34. **Wie heißt die Marktform, bei der wenigen Anbietern viele Nachfrager gegenüberstehen?**

☐ Oligopson
☐ Dyopson
☐ Oligopol

35. **Welche deutsche Börse löste sich im Jahr 2007 auf?**

☐ Die Börse Düsseldorf
☐ Die Börse Stuttgart
☐ Die Bremer Börse

31.

Bis 2050

32.

2005

33.

1996

34.

Oligopol

35.

Die Bremer Börse

Kultur

1. **Seit 1994 werden jährlich die MTV Europe Music Awards vergeben. Welcher Künstler hat bisher die meisten Awards gewonnen? (Stand 2010)**

☐ Beyoncé

☐ Eminem

☐ Britney Spears

2. **Mit wem war Gala, die bekannte Muse des 20. Jahrhunderts, nie verheiratet?**

☐ Max Ernst

☐ Paul Éluard

☐ Salvador Dalí

3. **Heinrich Mann starb, bevor er seine Stelle als erster Präsident der Deutschen Akademie der Künste in Ost-Berlin antreten konnte. Wer trat an seine Stelle?**

☐ Johannes R. Becher

☐ Otto Nagel

☐ Arnold Zweig

4. **Wie hieß der Bildhauer und Maler Michelangelo mit Nachnamen?**

☐ Buonarroti

☐ Vannuci

☐ Caprese

5. **Welcher Schauspieler lehnte 1973 den Oscar als Bester Hauptdarsteller aus Protest gegen die US-amerikanische Indianerpolitik ab?**

☐ Al Pacino

☐ Robert De Niro

☐ Marlon Brando

1.

Eminem

2.

Max Ernst

3.

Arnold Zweig

4.

Buonarroti

5.

Marlon Brando

6. In welchem Science-Fiction-Film verbrennt die Feuerwehr Bücher, um das gesellschaftliche Glück zu wahren?

☐ Solaris

☐ Fahrenheit 451

☐ Countdown: Start zum Mond

7. Wer schrieb den Roman *Die Zeitmaschine*?

☐ Aldous Huxley

☐ Herbert George Wells

☐ Jules Verne

8. Acht der zehn in Deutschland erfolgreichsten Alben des Jahres 2010 stammten aus Deutschland. Wer war auf Platz 1?

☐ Peter Maffay mit «Tattoos (40 Jahre Maffay)»

☐ Unheilig mit «Große Freiheit»

☐ Ich + Ich mit «Gute Reise»

9. Wo wurde der Filmregisseur, Maler, Fotograf und Objektkünstler Man Ray geboren?

☐ In Frankreich

☐ In Russland

☐ In den USA

10. Wessen Gemälde wurde 2006 bei Sotheby's in New York für 135 Millionen Dollar verkauft?

☐ Gustav Klimts «Adele Bloch Bauer I»

☐ Pablo Picassos «Junge mit Pfeife»

☐ Vincent van Goghs «Portrait des D. Gachet»

6.

Fahrenheit 451

7.

Herbert George Wells

8.

Unheilig mit «Große Freiheit»

9.

In den USA

10.

Gustav Klimts «Adele Bloch Bauer I»

11. Welcher Architekt entwarf um 1920 den expressionistischen Einsteinturm in Potsdam?

- ☐ Ludwig Mies van der Rohe
- ☐ Erich Mendelsohn
- ☐ Le Corbusier

12. 1934 emigrierte er über Prag nach Paris, schrieb für deutsche Exilzeitschriften und wurde von Thomas Mann unterstützt. Welchen Schriftsteller suchen wir?

- ☐ Stefan Zweig
- ☐ Stefan Heym
- ☐ Ernst Weiß

13. Welcher Sänger hatte in der ersten Fassung eine Nebenrolle in Werner Herzogs Film *Fitzcarraldo* mit Klaus Kinski?

- ☐ David Bowie
- ☐ Sting
- ☐ Mick Jagger

14. In seinem *Karneval der Tiere* veralberte der Komponist Camille Saint-Saëns 1886 die Musik mehrerer seiner Zeitgenossen. Wer diente als Vorlage für die «Schildkröten»?

- ☐ Hector Berlioz
- ☐ Gioacchino Rossini
- ☐ Jacques Offenbach

15. Welcher dieser Stilbegriffe markiert den Übergang von der Renaissance zum Barock?

- ☐ Der Borrestil
- ☐ Der Manierismus
- ☐ Die Drolerie

11.

Erich Mendelsohn

12.

Ernst Weiß

13.

Mick Jagger

14.

Jacques Offenbach

15.

Der Manierismus

16. Wobei handelt es sich um einen F-Schlüssel?

- ☐ Violinschlüssel
- ☐ Altschlüssel
- ☐ Bassschlüssel

17. Welche Kabarettbühne befindet sich im Vorderhaus des Berliner Admiralspalast?

- ☐ Die Distel
- ☐ Die Stachelschweine
- ☐ Die Wühlmäuse

18. Wer leitete von 1945 bis 1952 ad interim die Berliner Philharmoniker?

- ☐ Wilhelm Furtwängler
- ☐ Sergiu Celibidache
- ☐ Herbert von Karajan

19. Wobei handelt es sich nicht um eine musikalische Komposition Friedrich Nietzsches, sondern um eine Schrift von Richard Wagner aus dem Jahr 1848?

- ☐ Bei der «Manfred-Meditation»
- ☐ Beim «Hymnus an die Freundschaft»
- ☐ Bei den «Wibelungen»

20. Welcher Spielfilm spielte bisher (Stand Dezember 2010) weltweit mit über 2,7 Milliarden US-Dollar das meiste Geld ein?

- ☐ Avatar
- ☐ Der Herr der Ringe: Die Rückkehr des Königs
- ☐ Titanic

16.

Bassschlüssel

17.

Die Distel

18.

Sergiu Celibidache

19.

Bei den «Wibelungen»

20.

Avatar

21. Wer hat *Die lustigen Weiber von Windsor* nie vertont?

☐ Antonio Salieri
☐ Giuseppe Verdi
☐ Wolfgang Amadeus Mozart

22. Mit welcher Schauspielerin war Schauspieler Brad Pitt nicht verheiratet, sondern nur verlobt?

☐ Angelina Jolie
☐ Gwyneth Paltrow
☐ Jennifer Aniston

23. Wer saß bei der Rockgruppe *Birth Control* am Schlagzeug?

☐ Udo Lindenberg
☐ Hugo Egon Balder
☐ Ginger Baker

24. Worauf zielte die Gretchenfrage ab?

☐ Auf des Pudels Kern
☐ Wie Faust es mit der Religion hielte
☐ Was die Welt im Innersten zusammenhalte

25. Welcher Gitarrist machte mit einer verkrüppelten linken Hand Karriere?

☐ Django Reinhardt
☐ Raul Midon
☐ Jeff Healy

21.

Wolfgang Amadeus Mozart

22.

Gwyneth Paltrow

23.

Hugo Egon Balder

24.

Wie Faust es mit der Religion hielte

25.

Django Reinhardt

26. Die *Goldene Himbeere* wird auch für ganze Jahrhunderte verliehen. Wer war demnach die schlechteste Schauspielerin des 20. Jahrhunderts?

- ☐ Madonna
- ☐ Sandra Bullock
- ☐ Sharon Stone

27. Wie heißt der letzte Film, in dem der 1996 verstorbene Filmemacher Krzysztof Kieslowski Regie führte?

- ☐ Drei Farben: Blau
- ☐ Drei Farben: Rot
- ☐ Drei Farben: Weiß

28. Welche kriminalistische Romanfigur war ein Franzose aus der Feder eines belgischen Schriftstellers?

- ☐ Hercule Poirot
- ☐ Kommissar Maigret
- ☐ Nestor Burma

29. Wer gründete 1987 die Orchesterakademie des Schleswig-Holstein Musik Festivals?

- ☐ Herbert von Karajan
- ☐ Leonard Bernstein
- ☐ Dennis Russell Davies

30. Mit welchem dieser Autoren startete die Büchergilde Gutenberg 1924 ihr Programm?

- ☐ Mark Twain
- ☐ Oskar Maria Graf
- ☐ Jack London

26.

Madonna

27.

Drei Farben: Rot

28.

Kommissar Maigret

29.

Leonard Bernstein

30.

Mark Twain

31. Mit dem Aufkleber *Explicite Content (Eindeutiger Inhalt)* werden in den USA Tonträger mit anstößigen Texten markiert. Welcher Musiker reagiert darauf 1986 mit einem Aufkleber *Explicite Lyrics* auf seinem neuen Instrumental-Album?

☐ Jello Biaffra
☐ Ozzy Osbourne
☐ Frank Zappa

32. Welche dieser drei in Tokio geborenen Persönlichkeiten kam 1938 zur Welt?

☐ Liv Ullmann
☐ Ulrich Wickert
☐ Yoko Ono

33. Welche Sehenswürdigkeit war laut einer Online-Umfrage des Deutschen Tourismusverbandes (DTV) 2010 die beliebteste in Deutschland?

☐ Die Dresdner Frauenkirche
☐ Das Brandenburger Tor
☐ Der Kölner Dom

34. Wie heißt der Sänger Elton John mit bürgerlichem Namen?

☐ Dino Paul Crocetti
☐ Paul David Hewson
☐ Reginald Kenneth Dwight

35. 1950 gründete sich die ARD. Welches ist ihre älteste Landesrundfunkanstalt?

☐ Radio Bremen
☐ Der Westdeutsche Rundfunk
☐ Der Hessische Rundfunk

31.

Frank Zappa

32.

Liv Ullmann

33.

Der Kölner Dom

34.

Reginald Kenneth Dwight

35.

Radio Bremen

36. Welcher Comicautor stammt nicht aus Belgien?

☐ René Goscinny

☐ André Franquin

☐ Hergé

37. Wer schrieb im Jahr 1973 eine Biographie über Marilyn Monroe?

☐ Norman Mailer

☐ Arthur Miller

☐ Elia Kazan

38. Welche dieser Heavy-Metal-Bands ist mit der Gründung im Jahr 1969 die älteste?

☐ Judas Priest

☐ AC/DC

☐ Motörhead

39. Welche Berufsausbildung hat der französische Schriftsteller Michel Houellebecq 1978 abgeschlossen?

☐ Ein Studium der Agrarwirtschaft

☐ Ein Filmstudium

☐ Ein Studium der Informatik

36.

René Goscinny

37.

Norman Mailer

38.

Judas Priest

39.

Ein Studium der Agrarwirtschaft

Vorwort

Politik

Wirtschaft

Kultur

Wissen

Digital

Studium

Job und Karriere

Lebensart

Reisen

Sport

Allgemeinbildung

1. Wer stellte 1902 das erste Auto mit Hybridantrieb vor?

☐ Gottlieb Daimler

☐ Wilhelm Maybach

☐ Ferdinand Porsche

2. Wer begründete die Individualpsychologie?

☐ Jean Piaget

☐ Alfred Adler

☐ Jürgen Habermas

3. Wo gelang Christiaan Barnard am 3. Dezember 1967 die erste Herztransplantation?

☐ In Kapstadt

☐ In München

☐ In Stanford

4. Wie hieß die erste Frau im Weltraum?

☐ Sally Ride

☐ Walentina Tereschkowa

☐ Eileen Collins

5. Wie heißt ein kalter Fallwind vor der dalmatinischen Küste, der bis zu 200 Kilometer pro Stunde erreichen kann?

☐ Bora

☐ Poorga

☐ Košava

1.

Ferdinand Porsche

2.

Alfred Adler

3.

In Kapstadt

4.

Walentina Tereschkowa

5.

Bora

6. Wo wurde Johannes Gutenberg, der Erfinder des Buchdrucks, geboren?

☐ In Mainz
☐ In Straßburg
☐ In Eltville

7. Eine 5b-Wetterlage verursachte die Elbeflut des Jahres 2002. Welche Art von Tiefdruckgebiet war dafür verantwortlich?

☐ Ein Hurrikan
☐ Ein Orkan
☐ Eine Zyklone

8. Von welcher Substanz ist in Luft am wenigsten enthalten?

☐ Argon
☐ Kohlendioxid
☐ Sauerstoff

9. Welcher Planet wurde im Jahr 1846 von Johann Gottfried Galle entdeckt?

☐ Uranus
☐ Neptun
☐ Pluto

10. Nikotin findet auch als Fraßgift Verwendung. Gegen welche Schädlinge?

☐ Ratten
☐ Blattläuse
☐ Kartoffelkäfer

6.

In Mainz

7.

Eine Zyklone

8.

Kohlendioxid

9.

Neptun

10.

Blattläuse

11. Wie hieß die erste Antibabypille, die 1961 auf den westdeutschen Markt kam?

- ☐ Ovosiston
- ☐ Enovid
- ☐ Anovlar

12. Was bezeichnet die Massenzahl eines Atoms?

- ☐ Die Anzahl der Protonen
- ☐ Die Anzahl der Neutronen
- ☐ Die Anzahl der Nukleonen

13. Welcher Typus von Stammzellen dient dem Körper als natürliches Ersatzteillager?

- ☐ Embryonale Stammzellen
- ☐ Adulte Stammzellen
- ☐ Stammzellen mit induzierter Pluripotenz

14. Wo lebte die Frau mit der bisher längsten erreichten Lebensspanne (122 Jahre, 164 Tage), die wissenschaftlich nachgewiesen werden konnte?

- ☐ In den USA
- ☐ In Japan
- ☐ In Frankreich

15. Welche Stadt ist die einzige deutsche Stadt, nach der ein chemisches Element benannt wurde?

- ☐ Mainz
- ☐ Darmstadt
- ☐ Wiesbaden

11.

Anovlar

12.

Die Anzahl der Nukleonen

13.

Adulte Stammzellen

14.

In Frankreich

15.

Darmstadt

16. Welche Pflanze ist kein Nachtschattengewächs?

- ☐ Erbse
- ☐ Tabak
- ☐ Paprika

17. Wann wurde in Deutschland erstmals die Sommerzeit eingeführt?

- ☐ 1893
- ☐ 1916
- ☐ 1947

18. Um welches Organ kümmert sich ein Nephrologe?

- ☐ Um die Milz
- ☐ Um die Schilddrüse
- ☐ Um die Niere

19. Wer schuf 1492 den ältesten noch heute erhaltenen Globus?

- ☐ Willem Janszoon Blaeu
- ☐ Gerhard Mercator
- ☐ Martin Behaim

20. Welcher philosophischen Schule wird Claude Lévi-Strauss zugerechnet?

- ☐ Dem Existenzialismus
- ☐ Dem Strukturalismus
- ☐ Dem Kritischen Rationalismus

16.

Erbse

17.

1916

18.

Um die Niere

19.

Martin Behaim

20.

Dem Strukturalismus

21. Welche Kinderkrankheit wird im Volksmund «Ziegenpeter» genannt?

☐ Mumps
☐ Röteln
☐ Masern

22. Wer überflog am 25.7.1909 als Erster den Ärmelkanal von Calais nach Dover?

☐ Louis Blériot
☐ Orville Wright
☐ Wilbur Wright

23. Wie viele PKW mit Hybridantrieb zählte das Kraftfahrtbundesamt im Januar 2010?

☐ 1588
☐ 28 862
☐ 68 515

24. Wer gilt als Begründer der Homöopathie?

☐ Max Gruber
☐ Georgos Vithoulkas
☐ Samuel Hahnemann

25. Welche Auszeichnung wurde in der ehemaligen DDR für «hervorragende wissenschaftliche Arbeiten zur Förderung der sozialistischen Körperkultur» verliehen?

☐ Die Hufeland-Medaille
☐ Die Weinert-Medaille
☐ Der GutsMuth-Preis

21.

Mumps

22.

Louis Blériot

23.

28 862

24.

Samuel Hahnemann

25.

Der GutsMuth-Preis

26. Welcher Baum enthält das giftige Alkaloid Taxin?

☐ Kiefer

☐ Eibe

☐ Tanne

27. Wann bekam der Niederländer Willem Einthoven für die Entwicklung der Grundlagen der Elektrokardiographie den Nobelpreis für Physiologie oder Medizin?

☐ 1924

☐ 1903

☐ 1927

28. Welche Substanz ist der Hauptinhaltsstoff einer Kartoffel?

☐ Wasser

☐ Rohprotein

☐ Stärke

29. Welcher dieser Kunststoffe ist der älteste?

☐ Ebonit

☐ Bakelit

☐ Galalith

30. Welcher deutsche See ist am tiefsten?

☐ Der Königssee

☐ Der Starnberger See

☐ Der Bodensee

31. Wer war der letzte Papst, der noch gekrönt wurde?

☐ Paul VI. (1963 bis 1978)

☐ Johannes Paul I. (August bis September 1978)

☐ Johannes Paul II. (1978 bis 2005)

26.

Eibe

27.

1924

28.

Wasser

29.

Ebonit

30.

Der Bodensee

31.

Paul VI. (1963 bis 1978)

32. 2009 schlug der russische Präsident die Abschaffung von zwei Zeitzonen in Russland vor. Wie viele Zeitzonen gibt es daher seit 2010 zwischen Kaliningrad und Kamtschatka?

- ☐ 7 von früher 9 Zeitzonen
- ☐ 9 von früher 11 Zeitzonen
- ☐ 10 von früher 12 Zeitzonen

33. Welches Alkaloid wird zur Behandlung von Malaria eingesetzt?

- ☐ Morphin
- ☐ Kokain
- ☐ Chinin

34. Wie hieß der Tanker, der 1993 vor der Küste der Shetlandinseln rund 84 500 Tonnen Öl verlor?

- ☐ Prestige
- ☐ Braer
- ☐ Exxon Valdez

35. Wofür erhielt Iwan Petrowitsch Pawlow am 12. Dezember 1904 den Medizinnobelpreis?

- ☐ Für seine Arbeit über die Physiologie der Verdauung
- ☐ Für seine Untersuchungen und Entdeckungen auf dem Gebiet der Tuberkulose
- ☐ Für seine Arbeit über die Struktur des Nervensystems

32.

9 von früher 11 Zeitzonen

33.

Chinin

34.

Braer

35.

Für seine Arbeit über die Physiologie der Verdauung

Digital

1. Wofür wird das Dateiformat «Ogg» genutzt?

☐ Zur Bildbearbeitung

☐ Zur Komprimierung

☐ Zur Verschlüsselung

2. Welches war die erste registrierte deutsche Umlaut-Domain?

☐ özi.de

☐ öko.de

☐ börse.de

3. Hinter welchem dieser Kürzel verbirgt sich eine Datentechnik, an der die Suchmaschine Google und der US-Geheimdienst CIA gleichermaßen interessiert sind?

☐ Sigint

☐ Osint

☐ Humint

4. Wie viele Mobiltelefone wurden 2010 weltweit verkauft?

☐ Rund 400 Millionen

☐ Rund 1,6 Milliarden

☐ Rund 5 Milliarden

5. Die Online-Enzyklopädie Wikipedia feierte im Januar 2011 ihr zehnjähriges Bestehen. Wovon handelte der erste Artikel der deutschsprachigen Wikipedia-Ausgabe?

☐ Von der Polymerase-Kettenreaktion

☐ Von Dänemark

☐ Von der Nordsee

1.

Zur Komprimierung

2.

öko.de

3.

Osint

4.

Rund 1,6 Milliarden

5.

Von der Polymerase-Kettenreaktion

6. Die Deutsche Post bietet seit Juli 2010 einen sicheren E-Postbrief an. Mit welchem Übertragungsprotokoll ist er gesichert?

- ☐ SFTP (Secure File Transfer Protocol)
- ☐ XDMCP (X Display Manager Control Protocol)
- ☐ HTTPS (Hypertext Transfer Protocol Secure)

7. Seit 1963 beschreibt die Abkürzung ASCII einen Standard der Informatik. Worauf bezieht er sich?

- ☐ Auf die Zeichenkodierung
- ☐ Auf die Datenkonvertierung
- ☐ Auf die Komprimierung von Graphiken

8. Das Format MP3 wird weltweit verwendet, seine Patente sind umstritten. Wer entwickelte dieses Dateiformat in den 1980er Jahren?

- ☐ Das Frauenhofer-Institut in Nürnberg-Erlangen
- ☐ Die Bell-Laboratories in New Jersey/USA
- ☐ Apple Inc. in Cupertino/USA

9. Was nutzt das digitale Verschlüsselungsverfahren RSA vornehmlich?

- ☐ Primzahlen
- ☐ Das Hexadezimalsystem
- ☐ Faltungscodes

10. In welchem Computerspiel wird unser alltägliches Leben simuliert?

- ☐ Die Sims
- ☐ Fahrenheit
- ☐ Deus Ex

6.

HTTPS (Hypertext Transfer Protocol Secure)

7.

Auf die Zeichenkodierung

8.

Das Frauenhofer-Institut in Nürnberg-Erlangen

9.

Primzahlen

10.

Die Sims

11. Welchem Politiker wurde im Online-Lexikon Wikipedia der falsche Vorname Wilhelm untergeschoben?

☐ Karl-Theodor zu Guttenberg
☐ Otto Graf Lambsdorff
☐ Klaus von Dohnanyi

12. Welches dieser Protokolle erlaubt das Verwalten von E-Mails auf einem Server?

☐ SMTP
☐ IMAP
☐ DHCP

13. Wie nennt man die Veränderung eines Computergehäuses?

☐ Modding
☐ Grabbing
☐ Phishing

14. Entwickelt wurde der Strichcode bereits 1949. Wozu wurde er 1961 zum ersten Mal in der Praxis angewandt?

☐ Als Etikett an Supermarktkassen
☐ Zur Erfassung von Güterwaggons
☐ Zur Automatisierung im Maschinenbau

15. In welchem Land wurde das beliebte Computerspiel Tetris entwickelt?

☐ In Japan
☐ In Russland
☐ In den USA

11.

Karl-Theodor zu Guttenberg

12.

IMAP

13.

Modding

14.

Zur Erfassung von Güterwaggons

15.

In Russland

16. Welches Zitat tätigte Pablo Picasso 1946?

☐ «Computer sind absolut nutzlos. Sie können nur Antworten geben.»

☐ «Ich denke, dass es einen Weltmarkt für vielleicht fünf Computer gibt.»

☐ «Es gibt keinen Grund, warum irgendjemand einen Computer in seinem Haus haben wollen würde.»

17. Welches Pseudonym hatte der Hacker Karl Koch, dessen verbrannter Leichnam 1989 bei Gifhorn gefunden wurde?

☐ Hagbard Celine

☐ Dark Dante

☐ Condor

18. Im Jahr 2010 zeichnete die Deutsche Umwelthilfe e. V. drei vorbildliche kommunale Projekte aus dem Bereich «Green-IT» mit einem Sonderpreis aus. Wofür bekam Leipzig einen dieser drei Sonderpreise?

☐ Für den Bau eines energieeffizienten Rechenzentrums

☐ Für die Einführung von Energiesparcomputern an Schulen

☐ Für ein Gesamtkonzept zur energetischen Optimierung des Rechenzentrums

19. Welcher Mathematiker entwarf 1948 *A Mathematical Theory of Communication* (Mathematische Grundlagen in der Informationstheorie) und prägte den Begriff Bit für *binary digit*?

☐ Harry Nyquist

☐ Claude Shannon

☐ Jack Whittaker

16.

«Computer sind absolut nutzlos. Sie können nur Antworten geben.»

17.

Hagbard Celine

18.

Für den Bau eines energieeffizienten Rechenzentrums

19.

Claude Shannon

20. Welches Computerspiel bekam nach der Prüfung der *Unterhaltungssoftware Selbstkontrolle* (USK) 2008 das Kennzeichen «Keine Jugendfreigabe»?

- ☐ Turok
- ☐ Command & Conquer 4
- ☐ Firefighter

21. Welche länderspezifische Top-Level-Domain hat Andorra?

- ☐ .an
- ☐ .ao
- ☐ .ad

22. Was machten rund 200 Menschen 2008 im New Yorker Bahnhof bei einem Flashmob, dessen Filmaufnahme über 20 Millionen Mal bei YouTube aufgerufen wurde?

- ☐ Eine Kissenschlacht
- ☐ Sie erstarrten fünf Minuten lang
- ☐ Sie kauften mehrere tausend Burger bei McDonald's

23. Mit 1,3 Milliarden Mark förderte das westdeutsche Forschungsministerium zwischen 1967 und 1973 die Datenverarbeitung. Welche Firma erhielt hiervon 358 Millionen Mark?

- ☐ Nixdorf Computer AG
- ☐ Siemens AG
- ☐ Telefunken Computer GmbH

24. Welches Betriebssystem wurde 1991 in Finnland entwickelt?

- ☐ Unix
- ☐ Linux
- ☐ Knoppix

20.

Turok

21.

.ad

22.

Sie erstarrten fünf Minuten lang

23.

Siemens AG

24.

Linux

25. Welches Volk kam in der dritten Erweiterung «Cataclysm» des Massen-Mehrspieler-Online-Rollenspiels World of Warcraft nicht neu hinzu?

- ☐ Worgen
- ☐ Draenei
- ☐ Goblin

26. Wo findet seit 2005 jährlich Europas größte Mobilfunkmesse, der Mobile World Congress, statt?

- ☐ In Cannes
- ☐ In Barcelona
- ☐ In Bonn

27. Was ist ein Hoax?

- ☐ Ein Virus per Script-Programmierung
- ☐ Eine Falschmeldung per Massen-E-Mail
- ☐ Ein illegaler Zugriff per Kennwortabfrage

28. Welches dieser Bürosoftware-Pakete wurde nach 1992 nicht weiter vertrieben?

- ☐ SPI Open Access
- ☐ Lotus SmartSuite
- ☐ Fuji Office

29. Was versteht man in der digitalen Welt unter Scraping?

- ☐ Das Markieren einzelner Computer und die Auswertung der Verbindungsdaten
- ☐ Das Ausspähen und den Missbrauch von Bankverbindungsdaten
- ☐ Das Sammeln und Verwerten von Informationen aus sozialen Netzwerken

25.

Draenei

26.

In Barcelona

27.

Eine Falschmeldung per Massen-E-Mail

28.

SPI Open Access

29.

Das Sammeln und Verwerten von Informationen aus sozialen Netzwerken

30. Welche dieser Musiktauschbörsen im Internet wurde 1998 programmiert und 2001 abgeschaltet?

☐ eMule

☐ LimeWire

☐ Napster

31. Wo steht die Atomanlage, die Ende 2010 von dem mysteriösen Computerwurm Stuxnet größtenteils lahmgelegt wurde?

☐ In den USA

☐ Im Iran

☐ In Israel

32. Welchen Begriff erfand Bob Wallace, der 2002 verstorbene Programmierer und Mitarbeiter von Microsoft?

☐ Shareware

☐ Freeware

☐ Careware

33. Bei welchem Hackerangriff war eine Art Bekennerschreiben des 27. Chaos Communication Congress des Chaos Computer Clubs beigefügt?

☐ Bei der Manipulation eines Online-Shops der FDP

☐ Bei der Manipulation der Startseite von DasErste.de

☐ Bei einem Hackerangriff auf ein Computersystem der Technologiebörse Nasdaq

34. Im Februar 2011 wurden rund 60 000 interne E-Mails einer Partei veröffentlicht. Um welche Partei handelte es sich?

☐ NPD

☐ FDP

☐ CSU

30.

Napster

31.

Im Iran

32.

Shareware

33.

Bei der Manipulation eines Online-Shops der FDP

34.

NPD

35. Videokommunikation per Internet erfreut sich stetig wachsender Beliebtheit. Wo wurde 2003 die kostenlose Software für Skype entwickelt?

- ☐ In Dänemark
- ☐ In Schweden
- ☐ In Estland

36. Das Wort «wiki» aus Wikipedia bedeutet «schnell». Aus welcher Sprache stammt es?

- ☐ Aus dem Hawaiischen
- ☐ Aus dem Kisuaheli
- ☐ Aus dem Tibetischen

37. Facebook und YouTube waren die zwei meistgegoogleten Suchbegriffe in Deutschland 2010. Welcher Suchbegriff landete auf dem dritten Rang?

- ☐ Berlin
- ☐ Google
- ☐ Lena Meyer-Landrut

38. Mit Galileo will die Europäische Union dem Navigationssystem GPS Konkurrenz machen. Wo wird dieses satellitengestützte System seit Januar 2011 erprobt?

- ☐ In der bayrischen Region Berchtesgarden
- ☐ In der Holsteinischen Schweiz
- ☐ Über dem niedersächsischen Wattenmeer

35.

In Estland

36.

Aus dem Hawaiischen

37.

Berlin

38.

In der bayrischen Region Berchtesgarden

Vorwort

Politik

Wirtschaft

Kultur

Wissen

Digital

Studium

Job und Karriere

Lebensart

Reisen

Sport

Allgemeinbildung

1. Welche Universität ist mit derzeit rund 85 000 Studierenden die größte im deutschsprachigen Raum?

☐ Die Universität Wien

☐ Die FernUniversität in Hagen

☐ Die FU Berlin

2. Wobei handelt es sich nicht um eine private, sondern um eine staatliche Hochschule?

☐ Beuth Hochschule für Technik Berlin

☐ Handelshochschule Leipzig

☐ Berliner Technische Kunsthochschule

3. In welchem dieser Bundesländer werden Studiengebühren – Stand 2010 – in der Regel erst nach dem Studium fällig?

☐ In Hamburg

☐ In Bayern

☐ In Baden-Württemberg

4. 23 Jahre dauerte der Streit um die Namensgebung der Heinrich-Heine-Universität. Welche Stadt hatte so viele Schwierigkeiten mit ihrem berühmten Sohn?

☐ Frankfurt am Main

☐ Düsseldorf

☐ Göttingen

5. Welche Universität wurde im Jahr 1386 gegründet?

☐ Die Ruprecht-Karls-Universität in Heidelberg

☐ Die Prager Karls-Universität

☐ Die Universität Wien

1.

Die Universität Wien

2.

Beuth Hochschule für Technik Berlin

3.

In Hamburg

4.

Düsseldorf

5.

Die Ruprecht-Karls-Universität in Heidelberg

6. Wofür sieht der Haushalt des Bundesministeriums für Bildung und Forschung (BMBF) für 2011 mit 24 Prozent das meiste Geld vor?

☐ Für die erkenntnisorientierte und programmübergreifende Grundlagenforschung

☐ Für die Forschung und Entwicklung der Daseinsfürsorge

☐ Für die Technologie- und Innovationsförderung

7. Wo hat die Stiftung für Hochschulzulassung, ehemals die Zentralstelle für die Vergabe von Studienplätzen (ZVS), ihren Sitz?

☐ Dortmund

☐ Düsseldorf

☐ Essen

8. Welchen Studiengang gibt es in Cottbus?

☐ Master Studium Energieträger aus Biomasse und Abfällen

☐ Diplom Studium Energie- und Umwelttechnik mit Studienrichtung Regenerative

☐ Energietechnik Master Studium Wasser-, Umwelt- und Küsteningenieurwesen

9. Wo befindet sich die Al-Azhar-Universität?

☐ Kairo

☐ Bagdad

☐ Jerusalem

10. Wovon gibt es nur 38 in Deutschland?

☐ Kunst-, Musik- und Filmhochschulen

☐ Berufsakademien

☐ Private Hochschulen

6.

Für die Technologie- und Innovationsförderung

7.

Dortmund

8.

Master Studium Energieträger aus Biomasse und Abfällen

9.

Kairo

10.

Berufsakademien

11. Welche dieser Hochschulen wurde 1920 gegründet und bot zunächst nur Abendvorlesungen an?

- ☐ Die Hochschule für Wirtschaft und Politik (HWP) in Hamburg
- ☐ Die Deutsche Hochschule für Politik (DHfP) in Berlin
- ☐ Die Akademie der Arbeit in Frankfurt

12. Wie heißt die Musikhochschule in Augsburg?

- ☐ Leopold-Mozart-Zentrum
- ☐ Hochschule für Musik Carl Maria von Weber
- ☐ Robert-Schumann-Hochschule

13. Wie steht es – Stand 2010 – nach 156 Rennen der berühmten Ruderregatta «Boat Race» zwischen Oxford und Cambridge?

- ☐ Oxford führt
- ☐ Unentschieden
- ☐ Cambridge führt

14. In welchem Fachbereich wurden 2010 16 deutsche Universitäten in der «Excellence Group» gelistet?

- ☐ Chemie
- ☐ Physik
- ☐ Mathematik

15. Welche Organisation gehört nicht zur nationalen Bologna-Gruppe, die deutsche Aktivitäten zur Studienreform koordiniert?

- ☐ Die Bundesvereinigung der Deutschen Arbeitgeberverbände e. V. (BDA)
- ☐ Der Deutsche Akademische Austauschdienst e. V. (DAAD)
- ☐ Der Allgemeine Studierendenausschuss (AStA)

11.

Die Deutsche Hochschule für Politik (DHfP) in Berlin

12.

Leopold-Mozart-Zentrum

13.

Cambridge führt

14.

Physik

15.

Der Allgemeine Studierendenausschuss (AStA)

16. In welchem dieser Bundesländer wurden zwischen 2008 und 2010 die Studiengebühren wieder abgeschafft?

- ☐ Niedersachsen
- ☐ Bayern
- ☐ Hessen

17. Welche deutsche Universität bietet als erste eine Ausbildung zum Imam an?

- ☐ Hamburg
- ☐ Köln
- ☐ Osnabrück

18. Wo steht die Friedrich-Schiller-Universität?

- ☐ In Weimar
- ☐ In Jena
- ☐ In Marbach

19. Wo können Frauen seit 1997 die ersten drei Semester unter sich als Frauenstudiengang Ingenieurwesen studieren, bevor die letzten vier Semester wieder gemischt sind?

- ☐ FH Wilhelmshaven
- ☐ HTW Berlin
- ☐ FH Stralsund

20. Wo hat die Deutsche Nationalbibliothek keinen Standort?

- ☐ In Leipzig
- ☐ In Berlin
- ☐ In Frankfurt am Main

16.

Hessen

17.

Osnabrück

18.

In Jena

19.

FH Wilhelmshaven

20.

In Berlin

21. Welche dieser bildungspolitischen Übereinkünfte vom 11. April 1997 markiert den Beginn eines einheitlichen Hochschulwesens in Europa?

- ☐ Die Lissabon-Konvention
- ☐ Die Sorbonne-Erklärung
- ☐ Die Bologna-Erklärung

22. Wann wurde das Numerus-clausus-Urteil durch das Bundesverfassungsgericht gefällt?

- ☐ 1972
- ☐ 1978
- ☐ 1981

23. Wobei handelt es sich um die einzige staatliche Fernuniversität Deutschlands?

- ☐ Wissenschaftliche Hochschule Lahr
- ☐ Technische Universität Kaiserslautern
- ☐ FernUniversität in Hagen

24. Wie hoch ist etwa die Zahl der Gasthörer über 50 an den deutschen Universitäten im Jahr 2011?

- ☐ 2300
- ☐ 11 000
- ☐ 22 000

25. Wie viele Studenten in Deutschland können laut einer Erhebung des Deutschen Studentenwerks die Hochschulausbildung nur mit einem Gelegenheitsjob finanzieren?

- ☐ Zwei Drittel aller Studenten
- ☐ Die Hälfte aller Studenten
- ☐ Drei Viertel aller Studenten

21.

Die Lissabon-Konvention

22.

1972

23.

FernUniversität in Hagen

24.

22 000

25.

Die Hälfte aller Studenten

26. Wer beteiligt sich nicht an den ab dem Sommersemester 2011 vergebenen Deutschland-Stipendien an staatlichen und staatlich anerkannten Hochschulen von 300 Euro pro Monat?

☐ Private Stifter

☐ Der Bund

☐ Die jeweilige Hochschule

27. Wie viel beträgt der maximale BAföG-Höchstsatz?

☐ 670 Euro pro Monat

☐ 495 Euro pro Monat

☐ 783 Euro pro Monat

28. Wann unterzeichneten 30 europäische Staaten die sogenannte Bologna-Erklärung und bekannten sich zu dem Ziel, bis zum Jahr 2010 einen gemeinsamen europäischen Hochschulraum zu schaffen?

☐ 1998

☐ 1999

☐ 2001

29. Wo fand die erste Nachfolgekonferenz zu Bologna statt, die die erzielten Fortschritte bilanzieren sollte?

☐ In Berlin

☐ In Prag

☐ In Bergen

30. Mit welchem dieser Staaten fördert das Bundesministerium für Bildung und Forschung (BMBF) den bilateralen Austausch in der beruflichen Aus- und Weiterbildung?

☐ Finnland

☐ Schweden

☐ Norwegen

26.

Die jeweilige Hochschule

27.

670 Euro pro Monat

28.

1999

29.

In Prag

30.

Norwegen

Vorwort

Politik

Wirtschaft

Kultur

Wissen

Digital

Studium

Job und Karriere

Lebensart

Reisen

Sport

Allgemeinbildung

1. Wie hoch war der Frauenanteil an Existenzgründungen in Deutschland im Jahr 2010?

- ☐ 32,6 Prozent
- ☐ 80 Prozent
- ☐ 5,4 Prozent

2. Welchen Beruf kann man seit dem Jahr 2005 durch ein zulassungsfreies Studium erlernen?

- ☐ Betriebswirtschaftslehre
- ☐ Pharmazie
- ☐ Tiermedizin

3. Wie heißt Deutschlands größte Jobmesse, die im November 2010 in Köln stattfand?

- ☐ viadukt
- ☐ Absolventenkongress
- ☐ Akademika

4. Welches Land führte 1944 als erstes europäisches Land einen gesetzlichen Mindestlohn ein?

- ☐ Frankreich
- ☐ Luxemburg
- ☐ Großbritannien

5. Laut einer Studie der OECD lag das durchschnittliche Einstiegsgehalt eines Lehrers der Sekundarstufe I 2005 bei 26 000 Euro. Welches dieser Länder/Regionen hielt genau diesen Schnitt?

- ☐ England
- ☐ Frankreich
- ☐ Finnland

1.

32,6 Prozent

2.

Betriebswirtschaftslehre

3.

Absolventenkongress

4.

Luxemburg

5.

England

6. Wo nehmen bis Juni 2008 die wenigsten Väter die Elternzeit in Anspruch?

- ☐ In Sachsen
- ☐ In Bayern
- ☐ Im Saarland

7. Was versteht man unter Ecklohn?

- ☐ Den Grundlohn eines 21-jährigen ledigen Facharbeiters
- ☐ Den Bruttolohn ohne Zuschläge
- ☐ Eine Sonderform des Prämienlohns

8. Die Erwerbsbeteiligung von Mann und Frau gleicht sich immer mehr an. Wie viele Frauen kamen im Jahr 2009 auf 100 Erwerbstätige?

- ☐ 42
- ☐ 46
- ☐ 51

9. Ab welchem Nettoeinkommen geht das Deutsche Institut für Wirtschaftsforschung (DIW) 2010 von einem Einkommensbereich «mit gesichertem Wohlstand» aus?

- ☐ Ab 1844 Euro
- ☐ Ab 2089 Euro
- ☐ Ab 2458 Euro

10. Welcher Unternehmer führte 1900 den 1. Mai als bezahlten Feiertag ein?

- ☐ Ernst Abbe (Zeiss Jena)
- ☐ August Thyssen (Thyssen & Co.)
- ☐ Oscar Troplowitz (Beiersdorf)

6.

Im Saarland

7.

Den Grundlohn eines 21-jährigen ledigen Facharbeiters

8.

46

9.

Ab 1844 Euro

10.

Ernst Abbe (Zeiss Jena)

11. Wie hoch lag in Deutschland die Arbeitslosenquote bei Personen mit Hochschulabschluss im Jahr 2009?

☐ 2 Prozent
☐ 2,5 Prozent
☐ 4,2 Prozent

12. Von welcher Berufsgruppe wird die meiste Auslandserfahrung erwartet?

☐ Von Naturwissenschaftlern
☐ Von Wirtschaftswissenschaftlern
☐ Von Informatikern

13. Welche dieser Sozialversicherungen teilen sich – Stand 2009 – Arbeitgeber und Arbeitnehmer grundsätzlich paritätisch?

☐ Krankenversicherung
☐ Pflegeversicherung
☐ Rentenversicherung

14. Wie viele Lehrkräfte fehlten 2010 nach Berechnungen des Deutschen Philologenverbandes an deutschen Schulen?

☐ Bis zu 45 000
☐ Bis zu 30 000
☐ Bis zu 10 000

15. Mit welchem dieser Maßnahmenpakete wurden Mini- und Midijobs und die Ich-AG eingeführt?

☐ Hartz I
☐ Hartz II
☐ Hartz III

11.

2,5 Prozent

12.

Von Wirtschaftswissenschaftlern

13.

Rentenversicherung

14.

Bis zu 45 000

15.

Hartz II

16. Wie heißt der höchste Dienstgrad des deutschen Heeres?

☐ General
☐ Generalleutnant
☐ Generalmajor

17. Welches Karriereziel ist den Deutschen laut mehrerer Studien das wichtigste?

☐ Eine ausgewogene Work-Life-Balance
☐ Intellektuell herausgefordert zu sein
☐ Einem sicheren und beständigen Job nachzugehen

18. 62 Prozent des Bruttoeinkommens privater Haushalte stammten 2008 in Deutschland aus Erwerbseinkünften. Wie viel kam aus öffentlichen Transferzahlungen?

☐ 28 Prozent
☐ 23 Prozent
☐ 10 Prozent

19. Welcher Beruf hatte 2009 den geringsten Männeranteil?

☐ Kosmetiker/Kosmetikerin
☐ Friseure/Friseurinnen
☐ Erzieher/Erzieherinnen

20. Wann kann ein Bewerber auf eine Stelle abgelehnt werden?

☐ Aufgrund einer Krankheit
☐ Aufgrund einer Behinderung
☐ Weder aufgrund einer Krankheit, noch aufgrund einer Behinderung

16.

General

17.

Eine ausgewogene Work-Life-Balance

18.

23 Prozent

19.

Kosmetiker/Kosmetikerin

20.

Aufgrund einer Krankheit

21. 2010 gab es mehrere Entlassungen, die von Gerichten später aufhoben wurden. Welcher Fall ereignete sich in Leipzig?

☐ Ein Mann wurde nach 19 Jahren Betriebszugehörigkeit entlassen, weil er sein Handy am Arbeitsplatz aufgeladen hatte

☐ Eine Kassiererin wurde wegen eines alten Brotes entlassen, das sie in einer Biotonne entsorgen sollte, das der Arbeitgeber dann aber in ihrer Tasche entdeckte

☐ Eine Kassiererin wurde wegen Unterschlagung von Pfandbons im Wert von 1,30 Euro nach 31 Jahren von ihrem Arbeitgeber fristlos entlassen

22. Was ist für Fachkräfte in Deutschland der häufigste Grund für das Auswandern?

☐ Die besseren Berufs- und Einkommensperspektiven im Ausland als in Deutschland

☐ Die hohen Steuern und Abgaben in Deutschland

☐ Das Kennenlernen einer neuen Kultur

23. Was darf ein Chef seinen Mitarbeiterinnen nicht vorschreiben?

☐ Einen BH oder ein Unterhemd zu tragen

☐ Die Fingernägel maximal 0,5 Zentimeter über der Fingerkuppe zu tragen

☐ Die Farbe ihrer Fingernägel

24. Auf 100 Euro Bruttoverdienst entfielen 2008 in Frankreich 50 Euro und in Irland 17 Euro an Lohnnebenkosten. Wie viel Euro mussten deutsche Arbeitgeber in diesem Jahr an Lohnnebenkosten kalkulieren?

☐ 42 Euro

☐ 32 Euro

☐ 28 Euro

21.

Eine Kassiererin wurde wegen eines alten Brotes entlassen, das sie in einer Biotonne entsorgen sollte, das der Arbeitgeber dann aber in ihrer Tasche entdeckte

22.

Die besseren Berufs- und Einkommensperspektiven im Ausland als in Deutschland

23.

Die Farbe ihrer Fingernägel

24.

32 Euro

25. Welche Auszubildenden verdienten 2008 in Deutschland mit 978 Euro am meisten?

- ☐ Maurer
- ☐ Binnenschiffer
- ☐ Mechatroniker

26. Schon am 1. Mai 1856 soll es in Australien Massendemonstrationen für den Achtstundentag gegeben haben. Wann wurde der Tag der Arbeit aber erstmals weltweit begangen?

- ☐ 1867
- ☐ 1886
- ☐ 1890

27. Welches Land gehört nicht zu den zweien, die sich in puncto Mutterschutz mit nur 14 Wochen den letzten Platz der 27 EU-Mitgliedsländer teilen?

- ☐ Irland
- ☐ Malta
- ☐ Deutschland

28. Wie viel Prozent der Beschäftigten in Ostdeutschland arbeiteten 2009 in Betrieben, die an keinen Tarifvertrag gebunden sind?

- ☐ 56 Prozent
- ☐ 38 Prozent
- ☐ 49 Prozent

29. Welche Gruppe von Lehrlingen hatte 2010 die höchste Abbrecherquote?

- ☐ Angehende Hotel- und Restaurantfachleute
- ☐ Angehende Industriemechaniker
- ☐ Angehende Bank- und Industriekaufmänner

25.

Binnenschiffer

26.

1890

27.

Irland

28.

49 Prozent

29.

Angehende Hotel- und Restaurantfachleute

30. In Deutschland herrscht ein Ärztemangel. Welche Behauptung stimmt aber nicht?

☐ Das Durchschnittsalter niedergelassener Ärzte ist seit 1995 kontinuierlich angestiegen

☐ Die Zahl der Medizin-Absolventen an Hochschulen und Universitäten sinkt kontinuierlich

☐ Von 1991 bis 2007 ist die durchschnittliche Wochenarbeitszeit von Ärztinnen und Ärzten um durchschnittlich knapp fünf Stunden gestiegen

31. Welcher im Aktienindex DAX gelistete Konzern führt als erster eine Frauenquote im Management ein, wonach bis Ende 2015 30 Prozent der oberen und mittleren Führungspositionen im Unternehmen weiblich besetzt sein sollen?

☐ Die Deutsche Telekom

☐ Die Deutsche Bank

☐ Adidas

32. Das Statistische Bundesamt untersuchte 2009 Berufe auf ihren Frauen- beziehungsweise Männeranteil. Wo betrug der weibliche Anteil nur 0,2 Prozent?

☐ Maurer

☐ Elektroberufe

☐ Unternehmer/Geschäftsführer

33. Wann gründete Marie Juchacz die Arbeiterwohlfahrt?

☐ 1879

☐ 1919

☐ 1949

30.

Von 1991 bis 2007 ist die durchschnittliche Wochenarbeitszeit von Ärztinnen und Ärzten um durchschnittlich knapp fünf Stunden gestiegen

31.

Die Deutsche Telekom

32.

Maurer

33.

1919

34. Das Vermögen der Männer in Deutschland ist im Durchschnitt anderthalb mal so groß wie das der Frauen. Wo ist die Diskrepanz am größten?

- ☐ Beim Betriebsvermögen von Unternehmerinnen und Unternehmern
- ☐ Beim Vermögen von verheirateten Frauen und Männern
- ☐ Beim Vermögen von unverheirateten Frauen und Männern

35. Was hat 2010 die meisten Fehltage bei Arbeitnehmern verursacht?

- ☐ Rücken- und Gelenkleiden
- ☐ Atemwegserkrankungen
- ☐ Verletzungen

36. Was war 2010 die Branche mit den meisten freien Stellen?

- ☐ Maschinen- und Anlagebau
- ☐ Groß- und Außenhandel
- ☐ Computer/Telekommunikation

37. Welches Bundesland hatte mit rund 12 500 Existenzgründungen gemessen an seiner Einwohnerzahl die meisten Existenzgründungen 2010?

- ☐ Hamburg
- ☐ Berlin
- ☐ Nordrhein-Westfalen

34.

Beim Betriebsvermögen von Unternehmerinnen und Unternehmern

35.

Rücken- und Gelenkleiden

36.

Groß- und Außenhandel

37.

Hamburg

Vorwort

Politik

Wirtschaft

Kultur

Wissen

Digital

Studium

Job und Karriere

Lebensart

Reisen

Sport

Allgemeinbildung

1. Wo findet seit 1992 jährlich die größte Straßenmodeschau der Welt statt?

- ☐ In Krefeld
- ☐ In Wien
- ☐ In Düsseldorf

2. In welchem Land der Erde wird jährlich mit über 11 Kilogramm pro Kopf der meiste Kaffee getrunken?

- ☐ In den USA
- ☐ In Finnland
- ☐ In Spanien

3. Wie wird das Heißgetränk Lumumba in Nordfriesland genannt?

- ☐ Pharisäer
- ☐ Tote Tante
- ☐ Angler Muck

4. Wie wird ein loser Stehkragen am Männerhemd auch genannt?

- ☐ Kummerbund
- ☐ Querbinder
- ☐ Vatermörder

5. Welche Apfelsorte wurde nicht in Neuseeland, sondern in den USA entwickelt?

- ☐ Braeburn
- ☐ Jonagold
- ☐ Gala

1.

In Krefeld

2.

In Finnland

3.

Tote Tante

4.

Vatermörder

5.

Jonagold

6. Wer stellte 1962 den Minirock vor?

☐ Louis Réard
☐ Mary Quant
☐ Carlota Alfaro

7. Welcher dieser Modeschöpfer kleidete Rut Brandt, Hildegard Knef und Fürstin Gracia Patricia ein?

☐ Egon von Fürstenberg
☐ Heinz Bormann
☐ Uli Richter

8. Welcher Verband des ökologischen Landbaus hatte im Jahr 2010 die meisten Betriebe?

☐ Demeter
☐ Bioland
☐ Naturland

9. Welche Stadt hat 2011 mit insgesamt 13 Sternen die meisten Sterne vom Guide Michelin im deutschsprachigen Raum?

☐ Berlin
☐ München
☐ Hamburg

10. Was bedeutet ein durchgekreuztes schwarzes Dreieck auf Kleidungsetiketten?

☐ Bleichen nicht möglich
☐ Keine Reinigung mit Wasser
☐ Keine Trockenreinigung

6.

Mary Quant

7.

Uli Richter

8.

Bioland

9.

Berlin

10.

Bleichen nicht möglich

11. Wer machte das «Kleine Schwarze» populär?

- ☐ Yves Saint Laurent
- ☐ Christian Dior
- ☐ Coco Chanel

12. Unter dem geläufigen Namen Dorade kennen wir den Fisch von der Speisekarte. Um welchen Fisch handelt es sich?

- ☐ Goldbrasse
- ☐ Roter Schnapper
- ☐ Tiefsee-Rotbarsch

13. Welches Zunftzeichen hängt vor Friseurläden?

- ☐ Eine offene Schere
- ☐ Ein Mörser
- ☐ Ein Metallbecken

14. Welche Käsesorte wird nicht aus Schafsmilch, sondern aus Kuhmilch hergestellt?

- ☐ Roquefort
- ☐ Pecorino
- ☐ Reblochon

15. Wie heißt die weltweit größte Messe für ökologische Konsumgüter, die jährlich auf dem Nürnberger Messegelände und auf fünf weiteren Kontinenten stattfindet?

- ☐ Die BioFach
- ☐ Fairena
- ☐ ProBio

11.

Coco Chanel

12.

Goldbrasse

13.

Ein Metallbecken

14.

Reblochon

15.

Die BioFach

16. Was beinhaltet die türkische Suppe «Işkembe Çorbasi»?

- ☐ Bohnen
- ☐ Kutteln
- ☐ Pilze

17. Welches dieser Worte bezeichnet keine Teigtasche, sondern einen Bootstyp?

- ☐ Piroge
- ☐ Pirogge
- ☐ Pelmeni

18. Die lebensnotwendige Omega-3-Fettsäure kann vom menschlichen Körper nicht hergestellt werden. Was besteht zu mehr als 50 Prozent aus Omega-3-Fettsäuren?

- ☐ Walnüsse
- ☐ Lachs
- ☐ Leinsamen

19. Woraus wird Safran gewonnen?

- ☐ Orchidee
- ☐ Krokus
- ☐ Nelke

20. Wo hatte die internationale Fachmesse für Street- und Urbanwear Bread & Butter im Jahr 2001 ihre Premiere?

- ☐ In Köln
- ☐ In Berlin
- ☐ In Barcelona

16.

Kutteln

17.

Piroge

18.

Leinsamen

19.

Krokus

20.

In Köln

21. Schwedische Taucher haben ihn 2010 aus einem Wrack in der Ostsee geborgen: den ältesten trinkbaren Champagner. Auf welches Alter wird er geschätzt?

- ☐ Auf rund 470 Jahre
- ☐ Auf rund 230 Jahre
- ☐ Auf rund 190 Jahre

22. Er war Modeschöpfer und musste 1960 im Algerienkrieg für Frankreich Militärdienst leisten, wo er nach wenigen Tagen einen Nervenzusammenbruch erlitt. Wen suchen wir?

- ☐ Yves Saint Laurent
- ☐ Jean-Claude Pascal
- ☐ Hubert de Givenchy

23. Welches Getreide ist im Ökolandbau das Getreide mit der größten Anbaufläche?

- ☐ Roggen
- ☐ Weizen
- ☐ Dinkel

24. Seit gut 20 Jahren stehen spanische Weine in unseren Weinregalen und haben uns auch neue Bezeichnungen gebracht. Was bedeutet nun *Crianza* bei rotem Wein?

- ☐ Der Wein muss 24 Monate gereift sein, davon 6 Monate im Eichenfass
- ☐ Der Wein muss 36 Monate gereift sein, davon 12 Monate im Eichenfass
- ☐ Der Wein muss 60 Monate gereift sein, davon mindestens 18 Monate im Eichenfass

21.

Auf rund 230 Jahre

22.

Yves Saint Laurent

23.

Roggen

24.

Der Wein muss 24 Monate gereift sein, davon 6 Monate im Eichenfass

25. Was unterscheidet einen *Cappuccino tiepido* von einem gewöhnlichen Cappuccino?

- ☐ Er wird im Glas serviert
- ☐ Er ist lau
- ☐ Er ist kalt und sehr süß

26. Welches dieser Bierarten ist untergärig gebraut?

- ☐ Kölsch
- ☐ Pils
- ☐ Alt

27. Wann kam der erste Walkman der Firma Sony auf den Markt?

- ☐ 1979
- ☐ 1984
- ☐ 1992

28. Was bezeichnet das süddeutsche Wort herbsten?

- ☐ Die Hopfenernte
- ☐ Die Heuernte
- ☐ Die Weinlese

29. Was ist Hauptbestandteil der orientalischen Speise *Pilaw*?

- ☐ Kartoffeln
- ☐ Reis
- ☐ Couscous

30. Wie heißen Weinflaschen, die rund $^1/_3$ Liter Wein beinhalten?

- ☐ Filette
- ☐ Primat
- ☐ Imperial

25.

Er ist lau

26.

Pils

27.

1979

28.

Die Weinlese

29.

Reis

30.

Filette

31. Mit welcher Frauen- und Modezeitschrift kam Aenne Burda 1949 auf den Markt?

❑ Favorit

❑ Pramo

❑ Sybille

32. Was verbirgt sich hinter der Sortenbezeichnung «Harzfeuer»?

❑ Eine Kartoffelsorte

❑ Eine Rosensorte

❑ Eine Tomatensorte

33. Woher stammt das Marzipangebäck «Bethmännchen»?

❑ Lübeck

❑ Frankfurt am Main

❑ Aachen

34. Welcher Modedesigner entwarf im Jahr 2010 eine Flasche seines erklärten Lieblingsgetränks *Coca-Cola Light* mit seiner Silhouette darauf?

❑ Jil Sander

❑ Wolfgang Joop

❑ Karl Lagerfeld

35. Wo wird Feldsalat auch Ackersalat genannt?

❑ Sachsen

❑ Österreich

❑ Schwaben

31.

Favorit

32.

Eine Tomatensorte

33.

Frankfurt am Main

34.

Karl Lagerfeld

35.

Schwaben

Vorwort

Politik

Wirtschaft

Kultur

Wissen

Digital

Studium

Job und Karriere

Lebensart

Reisen

Sport

Allgemeinbildung

1. **In welchem Land wird das falsche Singen der Nationalhymne seit 2010 mit umgerechnet 1700 Euro Strafe oder zwei Jahren Gefängnis geahndet?**

☐ In Russland

☐ In China

☐ Auf den Philippinen

2. **Welche Stadt liegt am südlichen Rand des Taunus?**

☐ Bad Nauheim

☐ Wetzlar

☐ Wiesbaden

3. **Der «Reisepavillon» wird seit 1991 jährlich als Messe für nachhaltiges Reisen und seit 2010 als internationaler Fachkongress abgehalten. Wo ist der neue Veranstaltungsort?**

☐ Hannover

☐ Stuttgart

☐ Berlin

4. **Auf Briefe nach Deutschland wird in England Germany und in Frankreich Allemagne geschrieben. Was notieren finnische Absender am Fuß einer deutschen Adresse?**

☐ Saksa

☐ Ruotsi

☐ Niemiec

1.

Auf den Philippinen

2.

Wiesbaden

3.

Berlin

4.

Saksa

5. Was kostet die Mobility BahnCard 100, mit der man ein Jahr lang unbegrenzt in Deutschland 2. Klasse mit der Deutschen Bahn fahren kann?

- ☐ 6400,- Euro
- ☐ 3800,- Euro
- ☐ 4250,- Euro

6. Welche Verkehrsverbindung besteht seit 1997?

- ☐ Ein Eisenbahntunnel zwischen Fünen und Seeland
- ☐ Die Öresundbrücke
- ☐ Die Storebæltbrücke

7. Welche Reiseführer sind die meistverkauften Reiseführer in Deutschland und Europa?

- ☐ Die Marco Polo Reiseführer
- ☐ Die Polyglott Reiseführer
- ☐ Die Merian Reiseführer

8. Zwischen welchen Städten verläuft die Deutsche Märchenstraße?

- ☐ Von Lüneburg nach Lübeck
- ☐ Von Würzburg nach Füssen
- ☐ Von Hanau nach Bremen

9. Was gelang dem Bergsteiger Reinhold Messner als erstem Menschen?

- ☐ Die Durchquerung der Arktis
- ☐ Die Besteigung aller 14 Achttausender
- ☐ Die Besteigung des jeweils höchsten Berges der sieben Kontinente

5.

3800,- Euro

6.

Ein Eisenbahntunnel zwischen Fünen und Seeland

7.

Marco Polo Reiseführer

8.

Von Hanau nach Bremen

9.

Die Besteigung aller 14 Achttausender

10. Zu welcher dieser Gruppen zählen die Ukrainer?

- ☐ Zu den Westslaven
- ☐ Zu den Ostslaven
- ☐ Zu den Südslaven

11. Auf welcher dieser Inseln wird seit 2001 das Literaturstipendium Inselschreiber vergeben?

- ☐ Sylt
- ☐ Die Mainau
- ☐ Rügen

12. Welches Symbol dient den Pilgern auf dem nordspanischen Jakobsweg als Orientierung?

- ☐ Ein Kreuz
- ☐ Eine Muschel
- ☐ Ein Pilgerstab

13. Wohin muss man reisen, um die südlichste Hauptstadt der Erde zu besuchen?

- ☐ Nach Kapstadt in Südafrika
- ☐ Nach Santiago de Chile
- ☐ Nach Wellington in Neuseeland

14. Was muss – der deutschen Hotelklassifizierung von 2010 gemäß – in jedem Hotelzimmer vorhanden sein?

- ☐ Nachttisch
- ☐ Papierkorb
- ☐ Tisch und Stuhl

10.

Zu den Ostslaven

11.

Sylt

12.

Eine Muschel

13.

Nach Wellington in Neuseeland

14.

Tisch und Stuhl

15. Welches ist das größte Weltmeer?

- ☐ Indischer Ozean
- ☐ Pazifischer Ozean
- ☐ Atlantischer Ozean

16. Der kürzeste Linienflug von Westray nach Papa Westray dauert etwa zwei Minuten. Welcher Linienflug ist mit einer Dauer von etwa 18,5 Stunden der längste?

- ☐ Von Singapur nach New York
- ☐ Von Hongkong nach New York
- ☐ Von Atlanta nach Johannesburg

17. Welche Insel gehört nicht zu den Kanaren, sondern den Balearen?

- ☐ Fuerteventura
- ☐ Gomera
- ☐ Formentera

18. Wie heißt ein Gastfreundschaftsnetzwerk im Internet, bei dem die Mitglieder kostenlose Unterkünfte auf Reisen finden oder anbieten?

- ☐ CouchSurfing
- ☐ CouchDB
- ☐ Couches

19. Welche italienische Region bildet den Absatz der Stiefelform des Landes?

- ☐ Sizilien
- ☐ Sardinien
- ☐ Apulien

15.

Pazifischer Ozean

16.

Von Singapur nach New York

17.

Formentera

18.

CouchSurfing

19.

Apulien

20. In welchem Teil Belgiens liegt die Hauptstadt Brüssel?

- ☐ Im wallonischen Teil
- ☐ Im flämischen Teil
- ☐ Im deutschsprachigen Teil

21. Wie wird der als Wahrzeichen dienende Felsturm der deutschen Nordseeinsel Helgoland genannt?

- ☐ Hengst
- ☐ Mönch
- ☐ Lange Anna

22. Kapstadt, Johannesburg und Durban sind die drei größten Städte Südafrikas. Welche Stadt liegt nicht am Meer?

- ☐ Durban
- ☐ Kapstadt
- ☐ Johannesburg

23. Hinter welchem dieser Namen verbirgt sich kein Emirat, sondern ein souveräner Staat?

- ☐ Dubai
- ☐ Oman
- ☐ Abu Dhabi

24. Wo eröffnete im Jahr 1909 die erste Jugendherberge der Welt?

- ☐ In Detmold
- ☐ In Altena
- ☐ In Zürich

20.

Im flämischen Teil

21.

Lange Anna

22.

Johannesburg

23.

Oman

24.

In Altena

25. Welcher Flughafen befindet sich nicht in New York City, sondern knapp 30 Kilometer davon entfernt?

- ☐ Newark Liberty International Airport
- ☐ John F. Kennedy International Airport
- ☐ LaGuardia Airport

26. Welche Landschaft liegt im Zentrum Rumäniens?

- ☐ Das Banat
- ☐ Siebenbürgen
- ☐ Walachei

27. Vom Westen nach Osten – wie lautet die richtige Reihenfolge?

- ☐ Turkmenistan – Kirgistan – Usbekistan – Tadschikistan
- ☐ Turkmenistan – Usbekistan – Tadschikistan – Kirgistan
- ☐ Kirgistan – Turkmenistan – Usbekistan – Tadschikistan

28. Welches Gebäude ist das Wahrzeichen der Stadt Danzig?

- ☐ Krantor
- ☐ Marienkirche
- ☐ Neptunbrunnen

29. Wo liegt das Meeresgebiet Kattegat?

- ☐ Zwischen der Nordküste Dänemarks und der norwegischen Südküste
- ☐ Zwischen der schwedischen Westküste und dem dänischen Jütland
- ☐ Zwischen dem dänischen Seeland und dem schwedischen Schonen

25.

Newark Liberty International Airport

26.

Siebenbürgen

27.

Turkmenistan – Usbekistan – Tadschikistan – Kirgistan

28.

Krantor

29.

Zwischen der schwedischen Westküste und dem dänischen Jütland

30. Die Einwohner welcher Stadt werden auch Puffbohnen genannt?

- ☐ Die Erfurter
- ☐ Die Hallenser
- ☐ Die Regensburger

31. Welcher Staat grenzt im Süden an Laos?

- ☐ Kambodscha
- ☐ China
- ☐ Vietnam

32. In welcher spanischen Region liegt der Wallfahrtsort Santiago de Compostela?

- ☐ Galicien
- ☐ Andalusien
- ☐ Katalonien

33. Wie nennen die Berliner scherzhaft das Denkmal der Luftbrücke?

- ☐ Hungerkralle
- ☐ Keksrolle
- ☐ Krumme Lanke

34. Welche dieser baltischen Hauptstädte hat die meisten Einwohner?

- ☐ Talinn
- ☐ Vilnius
- ☐ Riga

30.

Die Erfurter

31.

Kambodscha

32.

Galicien

33.

Hungerkralle

34.

Riga

35. Wo entspringt die Maas?

☐ Frankreich

☐ Niederlande

☐ Belgien

36. Welcher dieser Berge der Berner Alpen ist der höchste?

☐ Jungfrau

☐ Eiger

☐ Mönch

37. In welchem Pariser Stadtteil befindet sich das Boulevard Raspail?

☐ Montmartre

☐ Quartier Latin

☐ Montparnasse

35.

Frankreich

36.

Jungfrau

37.

Montparnasse

Vorwort

Politik

Wirtschaft

Kultur

Wissen

Digital

Studium

Job und Karriere

Lebensart

Reisen

Sport

Allgemeinbildung

1. **1982 kam sie mit einem Aerobic-Video auf den Markt und löste einen Boom der neuen Sportart aus. Welche US-Schauspielerin suchen wir?**

❑ Jamie Lee Curtis
❑ Jane Fonda
❑ Sydne Rome

2. **Wo in Hamburg wird seit 1920 das bedeutende deutsche Spring-Derby ausgetragen?**

❑ In Klein Flottbek
❑ In Horn
❑ In Bahrenfeld

3. **Welchen Verein führte Fußballtrainer Christoph Daum im Jahr 2003 zur Landesmeisterschaft?**

❑ Fenerbahçe Istanbul
❑ FK Austria Wien
❑ Beşiktaş Istanbul

4. **Welche deutsche Athletin gewann bei den Olympischen Spielen 1972 die Goldmedaille sowohl im Weitsprung als auch in der 4 × 100-Meter-Staffel?**

❑ Heike Henkel
❑ Heide Rosendahl
❑ Renate Stecher

5. **Welcher deutsche Fußballverein trägt seine Heimspiele im Stadion der Freundschaft aus?**

❑ Dynamo Dresden
❑ Energie Cottbus
❑ Hansa Rostock

1. Jane Fonda

2. In Klein Flottbek

3. FK Austria Wien

4. Heide Rosendahl

5. Energie Cottbus

6. Welcher dieser Tänze stammt nicht aus Brasilien?

❑ Rumba

❑ Samba

❑ Bossa nova

7. Welches Land siegte bei der ersten Fußball-Europameisterschaft 1960 in Frankreich?

❑ Jugoslawien

❑ Die Sowjetunion

❑ Frankreich

8. In welcher dieser Gemeinden wurde im Sommer 2010 ein Volksentscheid gegen die Münchner Olympiabewerbung für 2018 initiiert?

❑ In Ruhpolding

❑ In Oberammergau

❑ In Garmisch-Partenkirchen

9. Welcher dieser Fußballer hat an den meisten Weltmeisterschaftsspielen teilgenommen?

❑ Diego Maradona

❑ Paolo Maldini

❑ Lothar Matthäus

10. Welches dieser Länder war 1904 nicht an der Gründung der FIFA beteiligt?

❑ England

❑ Belgien

❑ Dänemark

6.

Rumba

7.

Die Sowjetunion

8.

In Oberammergau

9.

Lothar Matthäus

10.

England

11. Für das Jahr 2010 verzeichnet der Deutsche Fußball-Bund 6 756 562 Mitglieder. Wie viele Frauen und Mädchen sind unter den Mitgliedern?

- ❑ 72 100
- ❑ 25 703
- ❑ 1 050 301

12. Welche dieser Sportarten findet auf dem kleinsten Spielfeld statt?

- ❑ Basketball
- ❑ Tennis (Einzel)
- ❑ Volleyball

13. Wie heißt das Stadion des Fußballvereins Glasgow Rangers?

- ❑ Old Trafford
- ❑ Stamford Bridge
- ❑ Ibrox Park

14. Welches Land richtete 1930 die erste Fußballweltmeisterschaft aus und errang den Titel?

- ❑ Uruguay
- ❑ Italien
- ❑ Brasilien

15. Was versteht man unter einem Gambit beim Schach?

- ❑ Eine Eröffnung mit einem Bauernopfer zur Erlangung eines strategischen Vorteils
- ❑ Das Aufzeichnen der Züge während der Partie
- ❑ Ein Doppelzug mit dem König und einem der beiden Türme

11.

1 050 301

12.

Volleyball

13.

Ibrox Park

14.

Uruguay

15.

Eine Eröffnung mit einem Bauernopfer zur Erlangung eines strategischen Vorteils

16. Welcher Fußballverein ist – Stand 2011 – der Rekord-Aufsteiger in die Bundesliga und der Rekord-Absteiger aus der Bundesliga?

- ☐ 1. FC Nürnberg
- ☐ VfL Bochum
- ☐ Arminia Bielefeld

17. Wer war der erste deutsche Basketballer in der NBA?

- ☐ Frido Frey
- ☐ Detlef Schrempf
- ☐ Christian Welp

18. Welchem Fußballer gelang das Kunststück, sechs Tore in einem Bundesligaspiel zu erzielen?

- ☐ Gerd Müller
- ☐ Thomas Müller
- ☐ Dieter Müller

19. Wie lange dauert eine Olympiade?

- ☐ Vier Jahre
- ☐ Zwei Jahre
- ☐ Zwei Wochen

20. Wer wurde in Deutschland zum «Eishockeyspieler des Jahrhunderts» gewählt?

- ☐ Dieter Hegen
- ☐ Erich Kühnhackl
- ☐ Udo Kießling

16.

1. FC Nürnberg

17.

Frido Frey

18.

Dieter Müller

19.

Vier Jahre

20.

Erich Kühnhackl

21. Wie hieß die Paarung beim Finale um die erste Deutsche Fußballmeisterschaft im Jahr 1903?

- ☐ DFC Prag gegen VfB Leipzig
- ☐ FC Schalke 04 gegen Admira Wien
- ☐ Holstein Kiel gegen Karlsruher FV

22. Bei welcher dieser Sportarten gibt es offizielle Teepausen?

- ☐ Kricket
- ☐ Polo
- ☐ Rugby

23. Welcher Gewinner der Champions-League konnte seinen Titel 1993/94 nicht verteidigen, weil er vom Wettbewerb ausgeschlossen wurde?

- ☐ Olympic Marseille
- ☐ AC Mailand
- ☐ Ajax Amsterdam

24. Bei welchen Olympischen Sommerspielen gab es keinen Boykott seitens westlicher oder östlicher Staaten?

- ☐ 1980
- ☐ 1984
- ☐ 1988

25. Wo wurden 1924 die ersten Olympischen Winterspiele ausgetragen?

- ☐ Chamonix
- ☐ Lake Placid
- ☐ St. Moritz

21.

DFC Prag gegen VfB Leipzig

22.

Kricket

23.

Olympic Marseille

24.

1988

25.

Chamonix

26. Wie heißt – Stand Januar 2011 – der einzige börsennotierte Fußballclub Deutschlands?

❑ FC Bayern München
❑ Borussia Dortmund
❑ Hamburger SV

27. Wie viele Ruderer sitzen in einem normalen Doppelvierer?

❑ Vier
❑ Fünf
❑ Acht

28. Welcher dieser Fußballspieler trat nach dem Titelgewinn bei der WM 1974 in Deutschland nicht aus der deutschen Nationalmannschaft zurück?

❑ Franz Beckenbauer
❑ Paul Breitner
❑ Gerd Müller

29. Mit welchem Verein errang der Torhüter Toni Schumacher als Aktiver seinen letzten nationalen Meistertitel?

❑ Fenerbahçe Istanbul
❑ Bayern München
❑ Borussia Dortmund

30. Wie nennen Segler das Verkleinern der Segelfläche?

❑ Loten
❑ Krängen
❑ Reffen

26.

Borussia Dortmund

27.

Vier

28.

Franz Beckenbauer

29.

Borussia Dortmund

30.

Reffen

31. **Der größte Erfolg der Niederlande bei Fußballweltmeisterschaften waren zwei Vizeweltmeistertitel. Wann waren sie bei Weltmeisterschaften gar nicht qualifiziert?**

- ☐ 1970, 1982, 1986 und 2002
- ☐ 1966, 1978 und 1990
- ☐ 1994, 1998 und 2006

32. **Golden Slam nennt man im Tennis inoffiziell den Gewinn aller vier Grand-Slam Titel und der Olympischen Goldmedaille im selben Jahr. Wem gelang dies bisher?**

- ☐ Roger Federer
- ☐ Steffi Graf
- ☐ Justine Henin

33. **Welcher dieser Fußballtorhüter nannte seine Autobiographie «Ich bin doch kein Tor»?**

- ☐ Bodo Illgner
- ☐ Oliver Kahn
- ☐ Sepp Maier

34. **Welcher Verein war die erste Station von Felix Magath als Profifußballer in der zweiten Liga?**

- ☐ 1. FC Saarbrücken
- ☐ Victoria Aschaffenburg
- ☐ Hamburger SV

35. **Seit wann findet das DFB-Pokal Finale in Berlin statt?**

- ☐ Seit 1953
- ☐ Seit 1977
- ☐ Seit 1985

31.

1970, 1982, 1986 und 2002

32.

Steffi Graf

33.

Sepp Maier

34.

1. FC Saarbrücken

35.

Seit 1985

36. Welcher dieser Trainer der Deutschen Nationalmannschaft hat als Aktiver zwei Länderspiele bestritten?

☐ Jupp Derwall
☐ Jogi Löw
☐ Erich Ribbeck

37. Das Stadion welches dieser Istanbuler Vereine liegt auf dem asiatischen Kontinent?

☐ Fenerbahçe Istanbul
☐ Beşiktaş Istanbul
☐ Galatasaray Istanbul

38. Seit 1991 verleiht der Weltfußballverband FIFA in Zürich offiziell die jährliche Auszeichnung «Weltfußballer des Jahres». Wer war der erste Weltfußballer?

☐ Gary Lineker
☐ Jean-Pierre Papin
☐ Lothar Matthäus

39. Welches Land belegt 2011 den dritten Platz im Ewigen Medaillenspiegel der Olympischen Sommerspiele und den ersten Platz im Ewigen Medaillenspiegel der Olympischen Winterspiele?

☐ USA
☐ Deutschland
☐ Russische Föderation

36.

Jupp Derwall

37.

Fenerbahçe Istanbul

38.

Lothar Matthäus

39.

Deutschland

Vorwort

Politik

Wirtschaft

Kultur

Wissen

Digital

Studium

Job und Karriere

Lebensart

Reisen

Sport

Allgemeinbildung

1. Welche Zeitschrift entwickelte den Big-Mac-Index zur Messung der Kaufkraft von verschiedenen Währungen und veröffentlichte diesen regelmäßig?

- ☐ Financial Times
- ☐ Handelsblatt
- ☐ The Economist

2. Welches Unternehmen produziert die Spielekonsole Wii?

- ☐ Sony
- ☐ Microsoft
- ☐ Nintendo

3. Was misst eine Bogensekunde?

- ☐ Einen Winkel
- ☐ Eine Zeitspanne
- ☐ Eine Tonhöhe

4. Welche dieser Rockergruppen wurde von Vietnam-Veteranen in den USA gegründet?

- ☐ Bandidos
- ☐ Hells Angels
- ☐ Outlaws MC

5. Wie viele Kinder waren laut UNICEF weltweit harter Arbeit unterworfen (Stand 2009)?

- ☐ 150 Millionen
- ☐ 51 Millionen
- ☐ 18 Millionen

1.

The Economist

2.

Nintendo

3.

Einen Winkel

4.

Bandidos

5.

150 Millionen

6. Wer hält die Verwertungsrechte an «Aus dem Hintergrund müsste Rahn schießen – Rahn schießt – Tooooor! Tooooor ...»?

- ☐ Rudolf Scharping (SPD)
- ☐ Hans-Christian Ströbele (Grüne)
- ☐ Gerhard Mayer-Vorfelder (CDU)

7. Welche Technik verwendet natürliche Konstruktionsprinzipien zur Entwicklung technischer Lösungen?

- ☐ Biophysik
- ☐ Biometrie
- ☐ Bionik

8. Wer wurde im April 1990 zum letzten amtierenden Staatsoberhaupt der DDR ernannt?

- ☐ Sabine Bergmann-Pohl
- ☐ Lothar de Maizière
- ☐ Hans Modrow

9. Welcher Komponist brachte 1952 mit «4'33''» eine minutenlange Stille zur Aufführung?

- ☐ Charles Ives
- ☐ John Cage
- ☐ Karlheinz Stockhausen

10. Welche Nichtregierungsorganisation (NGO) entstand aus der spontanen und internationalen Reaktion auf einen im britischen *Observer* im Mai 1961 abgedruckten Appell?

- ☐ Greenpeace
- ☐ Amnesty International
- ☐ Ärzte ohne Grenzen

6.

Hans-Christian Ströbele (Grüne)

7.

Bionik

8.

Sabine Bergmann-Pohl

9.

John Cage

10.

Amnesty International

11. Woraus wird Safran gewonnen?

☐ Orchidee
☐ Krokus
☐ Nelke

12. Er entwarf einen der ersten Computer und porträtierte kurz vor seinem Tod Bill Gates – welchen IT-Pionier suchen wir?

☐ John Atanasoff
☐ Konrad Zuse
☐ Clifford Berry

13. Welcher russische Politiker gründete die Rote Armee?

☐ Leo Dawidowitsch Trotzki
☐ Nikolai Bucharin
☐ Wladimir Iljitsch Lenin

14. Wie heißt das jüdische Neujahrsfest?

☐ Sukkot
☐ Jom Kippur
☐ Rosch ha-Schanah

15. Es gab nur einen Präsidenten der DDR. Wie hieß er?

☐ Otto Grotewohl
☐ Willi Stoph
☐ Wilhelm Pieck

11.

Krokus

12.

Konrad Zuse

13.

Leo Dawidowitsch Trotzki

14.

Rosch ha-Schanah

15.

Wilhelm Pieck

16. Für das Jahr 2010 verzeichnet der Deutsche Fußball-Bund 6 756 562 Mitglieder. Wie viele davon sind Frauen und Mädchen?

- ☐ 72 100
- ☐ 25 703
- ☐ 1 050 301

17. Wie reagierte Michail Gorbatschow 1990 auf einen Brief des DDR-Politikers Willi Stoph, in dem Stoph um politisches Asyl bat?

- ☐ Er lehnte ab
- ☐ Er stimmte zu
- ☐ Er nahm ihn zur Kenntnis

18. Wer entwickelte das Dateiformat MP3 in den 1980er Jahren?

- ☐ Das Fraunhofer-Institut in Nürnberg-Erlangen
- ☐ Die Bell-Laboratories in New Jersey/USA
- ☐ Apple Inc. in Cupertino/USA

19. Wo hängt die Liberty Bell?

- ☐ Boston
- ☐ New York
- ☐ Philadelphia

20. Wie heißt der Sänger Elton John mit bürgerlichem Namen?

- ☐ Dino Paul Crocetti
- ☐ Paul David Hewson
- ☐ Reginald Kenneth Dwight

16.

1 050 301

17.

Er nahm ihn zur Kenntnis

18.

Das Fraunhofer-Instiut

19.

Philadelphia

20.

Reginald Kenneth Dwight

21. Was sind Rossbreiten?

- ☐ Eine Zone, in der fast immer Windstille herrscht
- ☐ Ein tiefes Randmeer vor der Antarktis
- ☐ Eine Maßeinheit beim Start von Pferderennen

22. Welches ist das größte Weltmeer?

- ☐ Indischer Ozean
- ☐ Pazifischer Ozean
- ☐ Atlantischer Ozean

23. Wie heißt die Schweigepflicht der Mafia?

- ☐ Vendetta
- ☐ Cosa Nostra
- ☐ Omertà

24. Welches dieser Produkte wurde 2009 weltweit zu 77 Prozent aus gentechnisch veränderten Pflanzen gewonnen?

- ☐ Mais
- ☐ Baumwolle
- ☐ Soja

21.

Eine Zone, wo fast immer Windstille herrscht

22.

Pazifischer Ozean

23.

Omertà

24.

Soja

MIX
Papier aus verantwortungsvollen Quellen
FSC® C083411

Das für dieses Buch verwendete FSC®-zertifizierte Papier *Lux Cream* liefert Stora Enso, Finnland.